ISBN : 2.7403.0398.X

LA PRIÈRE EN FAMILLE

DU MÊME AUTEUR

En co-édition

Chrétien, quelle est ta foi ? (DDB) ;

Cent points chauds de l'histoire de l'Église (DDB) ;

Le Concile en 75 questions (Desclée).

DANS LA MÊME COLLECTION

1. *L'éducation entre Rap et Tag,* Patrick Chauvet.
2. *Grands-parents croyants, petits-enfants loin de Dieu,* par un groupe de grands-parents.
3. *De glaise et de ciel,* Docteur Jeanne Leschi (Méditation sur la maladie et la mort).
4. *Il t'appelle.* (Discerner sa vocation), Père Hervé Soubias.
5. *Humanitaire et charité* , Didier Rance.

MICHEL GITTON

LA PRIÈRE EN FAMILLE

Collection « Point de Mire »
Dirigée par Bertrand Lemaire

Pierre TÉQUI, *éditeur*
82 rue Bonaparte - 75006 Paris

En cette fin de vingtième siècle, l'Église présente la Famille comme le « Point de Mire » de sa sollicitude pastorale, elle en fait l'enjeu essentiel de l'avenir du monde.

Les auteurs de cette collection, dans un langage de clarté et de vérité abordent les interrogations et les grands moments qui font la trame de toute vie de famille.

Avant-propos

Les lignes qu'on va lire ne sont pas le résultat d'une expérience familiale qui fait défaut, comme on s'en doute, au prêtre qui les a écrites. Les confidences reçues des familles chrétiennes sont souvent l'aveu d'une terrible pauvreté et n'ont guère pu m'aider à proposer des solutions.

Curieusement, c'est auprès de nos frères juifs que j'ai senti la grandeur de ce que pourraient être des liturgies familiales chrétiennes. L'expérience des familles vivant dans des communautés charismatiques est aussi précieuse, mais le côté « liturgie familiale » y est un peu absorbé par la vie de prière de toute la communauté. Néanmoins, on voit là la possibilité concrète pour des hommes, des femmes, des enfants de participer habituellement à une vie de prière qui met en valeur tous les aspects de l'existence quotidienne.

Mais c'est bien plus au contact des pauvres que j'ai cru apprendre ce que pourrait être vraiment une liturgie familiale. Vivant depuis près de dix ans, au moins à certains moments, dans la proximité d'hommes en difficulté à qui il s'agissait de rendre une dignité humaine et chrétienne, j'ai découvert que rien n'y portait plus que la liturgie de l'Église à condition qu'elle soit ample, diversifiée, recouvrant tous les aspects de la vie. Plus d'un a réappris à lire couramment parce qu'il y avait des psaumes à chanter avec les autres. Peu à peu, les nuances de l'année liturgique, la finesse des offices est devenue la culture des sans culture, chacun y jouant son rôle selon ses possibilités et ses dons. La liturgie n'est plus alors un fardeau, la ration de prière à accomplir pour obtenir autre chose, mais l'art de vivre du chrétien, une certaine manière de se réjouir, d'accompagner le travail et le repos, de ponctuer les moments de la journée, de la semaine ou de l'année.

C'est cette expérience qui m'a guidé pour parler aux familles. J'espère qu'elles y trouveront des réponses adaptées à leur mission.

I

Principes de la liturgie familiale

La famille Église domestique

C'est par une triste déperdition qu'on en est venu à considérer que toute la vie liturgique du chrétien (quand il en a encore une) se déroule dans le cadre de l'église-bâtiment, le reste étant du domaine du profane. C'est tourner le dos à nos racines juives, c'est surtout oublier l'exemple des premiers chrétiens, privés le plus souvent d'édifices de culte et faisant néanmoins monter vers Dieu, à des moments réglés de la journée, leur prière. Nous devinons le rôle des prières de neuf heures du matin (devenues *tierce* dans le cycle monastique et canonial), midi (*sexte*) et trois heures de l'après-midi (*none*). L'allumage des lampes à la tombée de la nuit, tâche éminemment féminine dans l'antiquité, donnait lieu aussi à une liturgie domestique. Les repas, surtout ceux du dimanche et des jours de fêtes, étaient l'occasion de solennelles bénédictions à la manière juive. Les jeûnes du mercredi, du vendredi et du samedi marquaient aussi la vie familiale. Il ne faut pas s'étonner que cet oubli de la liturgie familiale ait fait perdre aux familles chrétiennes la conscience de leur dignité, les ramenant à une collectivité d'intérêts, chacun gardant par ailleurs, dans le meilleur des cas, sa vie spirituelle. À l'heure où l'on redécouvre que la famille est, selon le mot si juste de saint Jean Chrysostome rappelé par notre pape Jean Paul II, une « Église domestique » , il devient urgent de doter cette Église de son culte adapté.

L'absence de modèle

Beaucoup de parents sentent très fort cela, mais se trouvent devant une absence de tradition qui les oblige à chercher des modèles ou trop pauvres ou trop intellectuels. Généralement, ils se voient réduits à transposer les formes de prière qu'ils ont apprises dans les mouvements de jeunes qu'ils ont fréquentés avant leur mariage, sans que celles-ci soient forcément très bien adaptées aux rythmes et aux possibilités de chacun. Il faut sans doute méditer sur l'exemple que nous donnent les familles juives, dont la prière s'est essentiellement concentrée sur les liturgies familiales (veille du shabat, shabat et différentes fêtes annuelles) selon un rituel à la fois souple et immuable qui intègre les enfants, laisse la place à l'improvisation, crée une perception du sacré sans rien de froid ni de guindé. Il ne s'agit pas de transposer terme à terme, mais de voir dans un rituel de ce type la clef de notre problème. Sans doute le chemin est-il long avant que l'expérience accumulée des familles catholiques permette de doter chaque fête liturgique d'un corps d'usages beaux et évocateurs, susceptibles de porter la prière de tous. Mais il faut commencer.

Défense du rite

Et pour cela, il ne faudra jamais méconnaître l'importance du rite, geste symbolique qui se répète et structure le temps, auquel les jeunes sont beaucoup moins allergiques qu'on le dit. Encore faut-il que ce rite ne soit pas arbitraire, qu'il ait un appui dans la tradition de l'Église, qu'il soit relié au mystère du Christ. Le rite n'est pas la mise en scène d'une idée préconçue, c'est pourquoi il vaut mieux ne pas le noyer d'explications, même s'il faut de temps en temps le recharger de sens (dans le rituel juif de la Pâque, les questions des enfants sur les particularités du repas, provoquant les explications du chef de famille, ont ce rôle).

D'une façon générale, la prière familiale n'a pas intérêt à devenir un cours de catéchisme. Même si la prise de parole forte et recueillie (du père ou de la mère) peut être nécessaire, il importe de s'effacer devant le sérieux de ce qui est célébré ensemble et son déroulement intangible. De même, les textes (bibliques ou autres) qu'il peut être bon de lire devraient rester très courts (quelques versets maximum) et ne pas obliger à une attention excessive.

Le geste qui unifie la personne, le chant qui la porte au-delà d'elle-même sont beaucoup plus immédiatement utilisables. Le silence lui-même est précieux, s'il est introduit et proportionné aux possibilités des plus jeunes.

L'intégration des différents âges

Par principe, la famille inclut des adultes et des enfants d'âge variable. Il importe que tous les participants aient quelque chose à y faire. Depuis le tout-petit qui soufflera une bougie jusqu'au grand adolescent qui fera une lecture. Cela ne veut pas dire que la liturgie doit devenir enfantine, on peut participer avec fruit à un rite qu'on ne comprend pas encore, on peut être valorisé d'entrer dans le jeu des grands. La prière familiale est la prière de tous (y compris des parents). On peut multiplier les tâches et les détails pour donner systématiquement à chacun un rôle qui le valorise et lui évite d'être passif (préparer le livre de prière, mettre des fleurs au coin prière, etc.). Quand on peut chanter ou psalmodier à deux chœurs, on évitera par là même que ce soient toujours les mêmes (les plus grands, les parents) qui chantent ; si c'est possible, la polyphonie renouvellera les chants qui, sans cela, deviennent vite ennuyeux et obligera chacun à prêter attention à sa partie.

L'ennui naquit un jour de l'uniformité

Le rite suppose la répétition, mais celle-ci n'est pas génératrice d'ennui si elle se déploie avec une variété suffisante dans le temps. Le schéma de la prière a intérêt à rester intangible, mais avec des variantes selon les jours de la semaine, le temps liturgique, le mois où l'on se trouve.

Au lieu de changer pour changer, il faut toujours chercher à enrichir : garder tel chant pour une période précise et en essayer un nouveau pour un autre temps.

Ainsi se constituera peu à peu une culture, une manière de discerner certaines nuances, un répertoire. Par exemple, il existe à l'heure actuelle plusieurs manières de chanter l'*Angélus*, pourquoi ne pas en spécialiser un pour le temps ordinaire, un pour le Carême etc. ? On aura plus de joie à le retrouver un an plus tard.

Ce qui est vrai du chant peut être vrai des gestes, qu'il faut savoir graduer (prière à genou pendant le Carême, debout pendant le Temps Pascal), proposant des amplifications à certains moments forts.

Au lieu de vivre le rite comme un effort, celui-ci intégrera sa propre récompense. Au lieu d'avoir à dire : « si tu fais bien ta prière tu auras bientôt du dessert », on pourra faire supporter un moment de silence en promettant pour après un chant particulièrement apprécié des enfants. Les austérités de l'Avent ou de Carême prépareront les joies de la liturgie de Noël ou de Pâques.

Cette capacité de faire sentir l'exultation à travers les humbles signes de la liturgie (fleurs, parfum, images, chants) suppose une attention et une réelle capacité des parents de vivre leur vie de prière avec le rite familial. Reste à éviter la routine. Pour que le rite reste vivant, il faut veiller au silence et à l'intériorité, même avec des enfants encore jeunes.

II

L'établissement de la prière en famille

Tant qu'on n'est pas prêt à forger un véritable cadre de prière destiné à durer, il vaut mieux attendre en restant au provisoire. Mais le jour où on pense être en état de faire démarrer l'expérience (et, tant qu'à faire, il vaut mieux prendre pour cela une grande date liturgique), il faut s'y mettre et, ensuite, tout faire pour réussir.

Il faut un commencement clair

L'événement doit être marquant et donner conscience d'une nouveauté valorisante pour tout le monde. Une sorte de nouveau départ ensemble. Les adultes savent que cela influera sur leur vie personnelle, en les obligeant à respecter eux-mêmes le cadre qu'ils ont posé.

Il peut être bon de demander à un prêtre ami de venir présider le premier office, pour mieux marquer le lien avec l'Église, et, de temps à autre, prévoir ainsi une présence sacerdotale qui permet de rendre sensible le fait que la liturgie familiale n'est pas chose seulement privée.

La date de fondation sera ensuite honorée comme un anniversaire familial.

Avancer, ne jamais reculer

D'entrée de jeu, il est bon de rester mesuré. Rien ne serait pire que de fixer un cadre trop lourd qui se révélerait vite irréalisable et obligerait à en rabattre. Les exceptions trop nombreuses font perdre toute perception de la règle commune.

D'un autre côté, il ne faut pas que la prière familiale reste trop exceptionnelle ; la régularité est une condition de sa réussite. Peut-être, au début, s'en tenir à la prière du soir (au moins certains soirs déterminés dans la semaine, si on doit prévoir habituellement des rentrées tardives) et à celle du déjeuner du dimanche midi. Ensuite quand c'est possible, mise en valeur de la préparation de la messe dominicale, le samedi en fin d'après-midi. Éventuellement, prière certains matins.

Il est toujours possible d'en ajouter pour des moments particuliers (Semaine sainte, Avent, semaine entre l'Ascension et la Pentecôte) ou pour des intentions particulières (maladie, deuils, préparation au baptême ou au mariage), mais il est dangereux de devoir diminuer.

Tous réunis

La prière familiale est la prière de toute la famille, en principe tout le monde y assiste, sauf ceux qui sont éloignés de la maison pour une raison ou une autre. Si quelqu'un est malade on la célèbre dans sa chambre.

L'endroit choisi est le plus bel endroit de la maison, le « coin prière » qui ne doit servir si possible qu'à cet usage et être décoré en conséquence (voir plus loin).

Obligation

La question de l'obligation ne devrait pas se poser : on participe à la grande prière familiale comme on se réjouit de la fête de maman, comme on assiste au baptême du petit dernier, ou plus simplement comme on se retrouve à table pour le déjeuner. C'est un honneur d'y être admis, une terrible punition d'en être écarté. Au début, quand la prière est établie, il faut tendre à ce que le projet soit adopté à l'unanimité (ce qui n'est pas très difficile si les enfants sont encore petits) ; ensuite il faut créer et garder la fierté du choix fait ensemble en déplorant qu'il soit si peu répandu. On peut même imaginer un certain prosélytisme de la prière familiale. La beauté des rites, la variété des expressions de la prière, progressivement intériorisées, devraient supprimer l'impression de « ras-le-bol » donnée par trop de prières obligatoires.

Si, malgré tout, se manifeste une désaffection après un certain âge, c'est peut-être le signe qu'une réforme s'impose et qu'on a laissé prévaloir un aspect enfantin sans donner aux adolescents le moyen de s'y engager. Au cas où le refus de la prière traduit une crise de la foi, il faudra accompagner avec sérieux et doigté l'enfant en difficulté, sans dramatiser, mais en invitant les autres membres à redoubler de prière et à laisser marquée la place du « frère absent ».

Il y aura forcément des moments où la prière familiale ne sera pas symphonique. Autant le savoir d'avance et ne pas s'en inquiéter. Surtout ne pas en rabattre et maintenir le cap avec assurance.

Trouver la note juste

L'avenir de la prière familiale dépend pour beaucoup du ton que les parents auront su créer d'emblée autour de la prière. Si celui-ci est trop tendu, nerveux, rigide, les plus jeunes le vivront comme une corvée et seule la menace des sanctions permettra d'aller jusqu'au bout (et encore) ; si c'est le laisser-aller, s'il n'y a pas de vrai silence, si c'est un moment de rigolade, on n'aura pas avancé dans le sens d'une prière commune.

On touche là une vraie difficulté que connaissent bien instituteurs et professeurs. Plus généralement, c'est la difficulté d'inoculer le sens du respect à des enfants surtout habitués à des rapports égalitaires et peu formés à dominer leur spontanéité. L'expérience montre néanmoins que les jeunes perçoivent autant que d'autres (parfois plus) le sens du sacré. La famille peut être l'occasion de cette éducation. De même qu'on apprend à se taire à l'église, à se découvrir (pour les garçons), à avancer sans faire de bruit, à faire son signe de croix puis sa génuflexion devant la Croix ou le Saint Sacrement, de même il doit y avoir moyen de créer auprès du coin prière, à un signe convenu (cloche ?), un climat de prière et de silence.

L'exemple des parents est ici décisif. S'ils s'abstiennent d'apartés, restent à genou en silence, en attendant que la famille soit réunie, ayant minutieusement tout organisé d'avance pour éviter les préparatifs confus, l'énervement autour du livre qu'on ne trouve pas, etc., les enfants entreront peu à peu dans le recueillement. Si on a donné l'exemple d'interrompre ce que l'on fait pour la prière, si on a évité soi-même d'arriver débraillé, la leçon peu à peu portera.

De même les rites choisis doivent être toujours dignes, et faits avec sérieux, sans non plus cette réserve qui empêche les adultes de notre Occident de s'engager vraiment avec leur corps dans la prière. Pas de gestes à moitié, gauches et gênés : si on lève les mains qu'on les lève vraiment, si on s'incline que ce soit à 90°. Si l'on embrasse image, crucifix ou évangile, que ce soit vrai. Les enfants, qui s'expriment plus facilement avec leur corps, trouveront là une occasion de complicité avec leurs parents et participeront plus volontiers à la prière.

Il est à souhaiter que les enfants qui ont grandi dans cette ambiance servent ensuite d'intermédiaires auprès des plus jeunes, leur faisant sentir l'importance d'une discipline gestuelle qu'ils auront apprise au contact des parents ; le silence est aussi contagieux que le chahut et le désir de faire comme les grands aura tôt fait de convertir un petit diable de quatre ans en un priant qui s'efforce de réussir ce qu'il voit faire à ses aînés avec tant de bonheur. Bien sûr, on n'empêchera pas un petit de gesticuler, ni un bébé de crier, mais tout cela, tenu dans certaines limites, avec des moments d'attention, des signes qui servent de repère à tous, ne nuira pas vraiment à la prière commune, surtout si le nombre des participants permet que le cas soit isolé.

III

Sacraliser le temps

Habiter le temps

Le bienfait premier de toute liturgie est d'aider l'homme à se situer religieusement dans le temps. Surtout pour l'homme moderne qui a perdu contact avec les rythmes naturels (journée rythmée par le lever et le coucher du soleil, succession des saisons), la liturgie chrétienne est le seul moyen d'apprendre à habiter le temps au-delà de la succession désespérement binaire et arbitraire du travail et du repos. Il ne s'agit pas de prétendre illusoirement retrouver le « temps de vivre », il s'agit, dans l'emploi du temps destructuré qui est forcément le nôtre, de placer les repères qui donneront à notre temps (même bousculé) une autre dimension, celle d'une vie avec le Christ. Ainsi, l'année liturgique nous fait redécouvrir l'étoffe précieuse dont est fait notre calendrier, non pas des journées désespérément semblables qu'on compte pour calculer ses congés payés, mais des temps variés dont la qualité se révèle peu à peu : légèreté de l'Avent tout tendu vers un événement immensément désirable, chaleur du temps de la Nativité où la joie s'irradie doucement dans la nuit, aspérité du Carême, exultation du matin de Pâques qui se prolonge jusqu'au torrent de feu de la Pentecôte. Mais ces temps eux-mêmes, mieux vécus, révèlent d'étonnantes diaprures, une pédagogie de l'Église qui, dans le Carême lui-même, sait mettre des pauses (4e dimanche) et nous fait passer insensiblement de la considération du mal (le péché) à celle du remède (la Croix).

Ce qui est dit de l'année est vrai du mois (1er vendredi, 1er samedi du mois), de la semaine (la saveur du jeudi où l'on se remémore le don de l'eucharistie n'est pas celle du mercredi, jour plus austère comme le vendredi), et bien sûr la journée avec ses repères que porte, outre les « heures » chantées dans les monastères, le triple *Angélus* quotidien (le soir avec Marie à l'Annonciation, midi avec Marie au pied de la Croix, matin avec Marie dans la joie de Pâques).

L'apprentissage de la liturgie en famille

Cette perception si riche du temps que nous donne la liturgie s'acquiert d'abord en famille. Ce serait une illusion d'attendre qu'elle vienne de la fréquentation de la seule messe dominicale. Outre les lacunes de trop de nos assemblées chrétiennes de ce point de vue (les mêmes chants ressassés toute l'année, une égalisation des rites qui ne permet même plus de distinguer la spécificité de Pâques), la liturgie ne se vit pas seulement le dimanche et peu nombreuses sont les familles qui peuvent se payer le luxe d'avoir une église chaque jour à leur disposition (si c'est le cas, qu'elles en profitent !).

L'apprentissage chrétien du temps commence à la maison, il suppose que les repères chrétiens prennent le pas sur tous les autres (par exemple si un anniversaire tombe un vendredi, jour de pénitence, surtout en Carême, on le reporte à un autre jour, le dimanche par exemple). Il faut aussi que l'on s'efforce d'orienter, autant qu'on le peut, les éléments externes (invitation, déplacement) pour ne pas aller contre le rythme liturgique (raréfaction et même suppression des invitations ou des sorties en Carême et, pourquoi pas ? en

Avent, rester stable pendant la Semaine Sainte etc.). Il s'agit aussi de résister à la tendance à l'anticipation et au décalage qui domine dans la société de consommation (Noël commencé avant Noël, galette des Rois jusqu'à Pâques, etc., etc.). Bien sûr, la famille ne peut pas vivre en vase clos et devra tenir compte de certains impératifs liés à l'entourage, mais cette «exception» sera vécue comme telle et nullement convertie en habitude : si l'arbre de Noël de l'école tombe un 20 décembre, on gardera gentiment le cadeau qu'on y a reçu pour le ressortir le jour de Noël.

La journée chrétienne

Aucun schéma ne peut être proposé *a priori*, puisqu'il y a autant de situations que de familles : certaines où tout le monde part très tôt y compris la mère de famille ; d'autres où celle-ci reste à la maison avec les plus jeunes enfants ; si bien qu'il est presque toujours impossible de proposer une prière du matin commune au moins pendant la semaine (le dimanche c'est évidemment à conseiller). Cela ne veut pas dire qu'il ne doit pas y avoir de prière du matin, mais il est sans doute souhaitable que chacun prenne, quand il le peut, un temps de prière silencieuse (ou d'oraison) adapté à son âge. C'est un grand exemple quand on sait que papa, qui part déjà tôt pour son travail, est resté un quart d'heure tout seul dans le «coin prière».

Au moins peut-on suggérer, pour ceux qui sont restés à la maison, l'usage des trois *Angélus* dont il a été question plus haut. De toute façon, midi, l'heure où s'arrêtent en principe les tâches de la matinée, est un moment propice pour une petite pause avec Jésus et Marie. Dans les cas très favorables, on pourrait suggérer de se rapprocher de l'horaire monastique avec un rendez-vous dans le milieu de la matinée et de l'après-midi.

La fin de l'après-midi voit en principe se reconstituer le cercle de famille. À l'heure traditionnelle des Vêpres (vers 5-6 heures) il est possible, dans quelques cas, de se retrouver pour un temps de prière. Cela est peut-être particulièrement à conseiller le samedi pour bien donner le sens que le jour du Seigneur commence et qu'on se prépare au grand événement qu'est la messe dominicale.

La prière d'après-dîner est sans doute le moment par excellence de la prière familiale. Mais attention à la bousculade, car tout devra se passer entre le retour des uns et le coucher des autres où il y a déjà tant à faire.

La semaine chrétienne

La semaine est évidemment dominée par le double programme du travail professionnel (du père et éventuellement de la mère) et de la scolarité. Mais il est d'autant plus important d'y introduire une perspective chrétienne.

Commençons par le dimanche, trop souvent massacré. On a dit qu'il commence le samedi soir, de préférence pas par la messe (sauf quand on n'a vraiment pas d'autre possibilité mais par une préparation de la liturgie du lendemain : lecture des textes, demande mutuelle de pardon, préparation à la communion (retrouver ensemble la joie de cette rencontre avec Jésus Hostie). Le matin, le réveil doit être fixé de manière à ce qu'on puisse se préparer sans être bousculé, c'est un peu l'aube de Pâques, la maison doit bruire d'*Alleluia*. Le petit déjeuner doit se ressentir de cette ambiance festive, bougies et sucreries, croissants et brioches doivent souligner chaque occasion un peu plus importante.

Il n'est plus très à la mode de « s'endimancher », mais il faut peut-être trouver une manière de marquer, jusque dans l'habillement, que ce jour n'est pas comme les autres.

Le repas qui suit ne devrait réunir que des frères et des sœurs chrétiens qui ont participé à la messe (rien n'est plus triste que de ne pouvoir partager la joie dominicale parce qu'on se retrouve à ce moment avec des païens, fussent-ils membres de sa propre famille). L'oisiveté et l'ennui qui s'attachaient, paraît-il, aux dimanches anglais du temps de la Reine Victoria seraient avantageusement remplacés, si on faisait l'effort de se retrouver après la semaine, de se parler, si on prenait le temps de s'amuser ensemble sans s'enfuir dans des distractions généralement coûteuses ou qui amènent chacun à s'isoler.

Deux jours dans la semaine sont traditionnellement dominés par la perspective de la pénitence : le mercredi et le vendredi. Le droit Canon de 1983 rappelle que l'abstinence de viande des vendredis de toute l'année n'est nullement supprimée ; certes les évêques de France, qui en ont délibéré, ont envisagé des substitutions possibles (abstention de tabac ou d'alcool ou œuvre de charité) ; néanmoins en famille, ce qui a des chances de concerner tout le monde est bien l'abstinence de viande. On essaiera donc de la conserver scrupuleusement pour le repas du soir, en essayant d'obtenir des cantines et autres lieux de déjeuner la possibilité du poisson (les juifs ont bien obtenu qu'on les respecte) ; et l'on essaiera peut-être, quand les enfants grandiront de leur apprendre à se priver d'un plat, s'il n'y a pas de poisson, pour rester fidèles à l'usage de l'Église. À trop considérer ces choses comme secondaires, facultatives, toujours relativisées par d'autres impératifs, on en vient à vider complètement de sens toute vie de pénitence ou à la ramener à une simple annexe du partage. Or, il n'y a de vie religieuse sérieuse que celle qui nous marque un peu dans notre chair. Le peuple d'Israël et le Christ lui-même en donnent l'exemple. Un christianisme sans peine n'a aucune chance de structurer la vie d'un enfant comme d'un adulte. Aux parents de commencer, bien sûr. C'est pour eux qu'on ne saurait trop insister sur la nécessité du jeûne proprement dit (que l'Église n'exige plus, sauf le mercredi des Cendres et le Vendredi saint, mais conseille fortement). Il ne peut en être question pour toute la famille, seuls les plus grands peuvent y être admis, comme un honneur et une responsabilité.

Le vendredi après-midi, il est beau de s'arrêter un instant vers 15h pour évoquer Jésus mourant sur la Croix. Pour colorer d'une petite touche d'austérité le mercredi comme le vendredi, il suffit de peu de choses (un sucre de moins dans le café ou le chocolat remplacé par du lait), ce signe suffira à donner une couleur propre à cette journée.

Le jeudi, par contre, est un jour de joie, on y évoque Jésus nous donnant son corps et nous faisant le grand cadeau du sacerdoce. On peut ce jour-là prier spécialement pour les prêtres. Pour ceux qui se préparent à leur première communion, c'est le jour de poser un acte spécial d'amour envers Jésus Hostie.

Le samedi, on pense à la Sainte Vierge, on fleurit ses images dans la maison, on lui récite le plus beau chant qu'on a appris, on lui offre notre vie de famille.

Restent le lundi et le mardi sans caractéristique particulière. On peut en trouver. Comme lundi est le jour où l'on reprend le travail, saint Joseph pourrait être un bon compagnon. Mardi pourrait être le jour de notre ange gardien (une belle prière à trouver).

Le mois chrétien

Il y a des rendez-vous qu'on peut se fixer de mois en mois. La Sainte Vierge a une fête presque chaque mois, il y a aussi chaque mois (ou presque) une fête d'Apôtre. Pourquoi ne pas donner une allure festive ce jour-là au repas et à la prière du soir ?

Le rendez-vous des premiers vendredis du mois reprend vie parmi les chrétiens, c'est souvent l'occasion d'une messe supplémentaire (et d'une confession). On peut honorer en ce jour l'image du Sacré-Cœur déposée solennellement dans le coin prière. Si la famille a été consacrée au Sacré-Cœur, c'est le jour pour en faire mémoire.

Les mois de l'année

Avant d'en venir au cycle liturgique proprement dit, il ne faut pas laisser perdre la coloration propre des mois, au moins de certains.

octobre : mois du Rosaire (récitation plus intense du chapelet)

novembre : mois des âmes du purgatoire (chaque jour se fixer le souvenir d'un défunt de la famille ou une catégorie)

mars : saint Joseph (mais c'est aussi le Carême)

mai : mois de Marie (à ne surtout pas manquer, chaque jour du mois doit donner lieu à un concours d'imagination pour entourer notre Maman du ciel d'un feu roulant d'hommages. Chacune de ses images doit être honorée tour à tour, chacun peut y aller de son dessin, de son poème ou de sa chanson).

juin : mois du Sacré-Cœur (où on peut prévoir au moins un petit pèlerinage vers une église ou une statue du Cœur de Jésus), les litanies peuvent être mises en usage.

L'automne sans tristesse

C'est après la rentrée des classes, le temps de l'effort et du travail, tandis que les jours diminuent et que s'éloignent les souvenirs de l'été. Moment de concentration et non de repli sur soi.

L'Église nous propose bien des fêtes : les anges (29 septembre, 2 octobre), des saints bien sympathiques (saint François d'Assise, sainte Thérèse de l'Enfant Jésus, etc.). Mais bien vite arrive la fête de la Toussaint. Date capitale qu'il ne faut surtout pas laisser confondre avec la célébration des défunts (qui a lieu le lendemain : 2 novembre). La Toussaint est une fête joyeuse, célébrée en blanc, au son du *Gloria* et des alleluia. Elle nous rend sensible l'énorme «poids de gloire» qui représente la part d'humanité déjà pleinement unie à Dieu. Seul ce poids de gloire peut rendre supportables les peines et les difficultés du combat présent et aider toute la famille à avancer sans morosité sur le chemin que Dieu lui trace. Dieu veut le bonheur de ses enfants et nous le devinons dans la joie des saints. Comment rendre cela sensible par tous ? On pourrait imaginer une veillée le 31 au soir en présence des images de beaucoup de saints, parmi ceux qu'on aime particulièrement, avec beaucoup de cierges, et là, se raconter quelques belles histoires, en chantant des cantiques adaptés (le chant des béatitudes s'impose). Au petit déjeuner, on peut imaginer de « tirer au sort les béatitudes »: les neuf béatitudes calligraphiées sur un petit bout de papier sont proposées (après avoir été retournées) à chaque membre qui en tire une, celle qu'il obtient ainsi est comme un appel particulier qu'il reçoit à la sainteté. La célébration du jour à l'église doit être choisie de manière que le mystère y soit bien mis en valeur. Une visite dans un lieu où se trouvent les reliques d'un saint particulièrement aimé serait un utile complément.

La considération des défunts, qui fait suite le lendemain, ne doit pas effacer cette note joyeuse. Il ne s'agit pas de dire que tous nos défunts sont au ciel (nous n'en savons rien), mais de savoir qu'eux et nous marchons vers le même but : l'union à Dieu. S'il y a eu des deuils dans l'année, il faut en faire particulièrement mention, ressortir des photos. Si les disparitions sont plus anciennes, mentionner au moins les prénoms.

Il ne faut pas non plus laisser perdre la coutume des visites au cimetière, manifestant le lien concret avec la personne de nos frères défunts dont le corps est la semence d'éternité. Là, improviser une petite liturgie (*Psaume* 129, *Notre Père*, prière d'intercession).

Dans la deuxième quinzaine du mois survient le dimanche du Christ-Roi, fête relativement nouvelle dans le cycle liturgique, mais occasion de penser à l'influence du Christ sur les sociétés, et d'abord sur la famille. Un acte de consécration serait peut-être à sa place en ce jour : consécration de la famille, offrande par les parents de leur profession, offrande par les enfants de leur école... pour qu'Il règne.

Vient ensuite l'Avent qui marque le début d'une nouvelle ère. Heureusement on dispose aujourd'hui de plusieurs usages familiaux qui aident à marquer la progression des quatre semaines : il existe des « calendriers d'Avent », édités en librairie, et comportant le parcours du temps de l'Avent avec des cases dont il s'agit d'ouvrir la fenêtre quand on est parvenu à ce jour. Il y a aussi la coutume d'Outre-Rhin d'allumer chaque dimanche une nouvelle bougie de couleur rouge, qui prend place sur une « couronne d'Avent » en verdure. On a ainsi à la fin de l'Avent quatre bougies allumées qu'on mettra devant la crèche, une par dimanche. On peut même donner un nom à chacune, qu'on fait choisir aux enfants (nom d'un saint, ou d'un personnage biblique, ou une qualité qu'on souhaite recevoir pour bien fêter Noël). La coutume de certaines familles de monter la crèche dès le début de l'Avent et de faire avancer les moutons, selon les progrès (ou les reculs) des différents membres de la famille en direction du berceau où sera l'Enfant Jésus, ne nous paraît pas tellement à encourager là où elle n'est pas implantée, car, à notre avis, si on veut garder la crèche tout le mois de janvier jusqu'au 2 février, comme c'est normal, on a intérêt à ne pas la montrer trop tôt, sinon on n'y fait plus attention.

Un autre bel usage est celui qui consiste à faire mettre à chacun son nom sur un papier et ensuite à tirer au sort, au début de l'Avent, le nom d'un membre de la famille que l'on garde dans le secret de son cœur jusqu'à Noël : c'est le compagnon que Dieu nous donne pour nous préparer à fêter la naissance de l'Enfant, on prie pour lui, on le soutient de son effort invisible.

Bien que l'Avent soit moins marqué que le Carême comme temps de pénitence, il serait malséant de faire disparaître toute marque d'austérité, la fête de Noël s'en trouverait amoindrie. Une certaine restriction sur les spectacles, sur les friandises, suffira à traduire cette nouvelle orientation. Une exception notable sera faite pour le 8 décembre, fête de l'Immaculée.

L'hiver avec Jésus

Noël, bien sûr, est un événement familial et chrétien de première grandeur, mais la concurrence du Noël païen, le folklore du Père Noël, tout cela doit amener à bien démarquer les rites familiaux de ceux du « monde ».

Le sapin, qui s'est implanté depuis le XVIIIe siècle dans les familles françaises, n'est guère porteur de valeurs spirituelles, mais il est assez inoffensif. Par contre le ridicule Père Noël, inventé tout exprès pour détourner l'imaginaire des enfants loin de l'Enfant de la crèche, doit être combattu avec vigueur : si charmant que soit l'émoi des enfants devant ce faiseur de cadeaux, la complaisance des parents pour une fable (qui sera vite perçue comme telle) leur enlèvera un jour toute crédibilité sur des sujets plus sérieux.

Les réjouissances familiales, les cadeaux, le bon repas ont bien sûr leur place, mais à bien situer : on fait des cadeaux aux enfants parce que l'on perçoit en eux, en ces jours de la Nativité, une image vivante du Petit Jésus. Notre émerveillement pour l'Enfant-Dieu se porte sur ceux qui sont comme lui dans l'état d'enfance, de dépendance. De même la charité plus grande dont on souhaite faire preuve en famille (et au-delà) tire sa source de la douce proximité de Marie et de Joseph autour de l'Enfant Jésus. La nourriture plus fine et savoureuse qui, d'habitude, vient traduire la joie de la fête, vaut non pas par la quantité ou le prix, mais par le soin mis à la préparer et à l'adapter au goût de chacun. C'est dire que ces choses n'ont de sens qu'en dépendance de la fête liturgique et ne sauraient la précéder. Honte à ces « réveillons » qui précèdent une messe de minuit où les vapeurs de l'alcool remplacent celles de l'encens. Les anges n'auront pas non plus grand-chose à dire à ceux qui, sans nécessité, auront réglé leur compte à l'aspect religieux, avec une petite célébration écourtée, laissant tout le temps disponible aux festivités gastronomiques.

Le courant humanitaire qui traverse notre monde à l'approche de Noël n'est pas non plus à négliger, mais au lieu d'une éphémère concession à un altruisme sentimental, il peut être occasion de prendre conscience du mal du monde pour lequel Jésus est venu. Loin de nous enfermer dans un cocon, Noël nous offre une si grande joie qu'elle vient baigner toutes les misères de la terre. Cartes envoyées aux enfants du Tiers-Monde, colis pour des prisonniers, etc. peuvent être des suggestions concrètes à l'approche des fêtes, sans parler des visites aux personnes âgées, malades ou handicapées.

Les rites familiaux s'imposent presque à cette date, ils ont pour centre la crèche, préparée amoureusement dans les derniers jours avant la fête et dévoilée au retour de la messe de minuit. Occasion de chanter, dans la flamme dansante des cierges, quelques vieux Noëls et d'entendre les plus beaux textes de la liturgie.

Le mois qui suit est dans la lumière de la Nativité. Mais c'est d'abord la grande semaine qui fait suite au 25 décembre, qu'il faut mettre en valeur d'une façon ou d'une autre (petits déjeuners plus festifs, suppression de toute marque de pénitence le mercredi et le vendredi, décoration renouvelée de la maison).

26 décembre : saint Étienne, qui a vu Jésus au ciel,

27 décembre : saint Jean, l'amoureux du Verbe fait chair,

28 décembre : les saints Innocents, les petits qui confessent Jésus (prière pour tous ceux que l'on met à mort dans le sein de leur mère),

et 1er janvier qui n'est pas seulement le jour de l'An, mais aussi la double fête de Marie en son titre de Mère de Dieu (la Maman de Jésus qui est Dieu) et du Saint Nom de Jésus (donné huit jours après sa naissance, lors de la Circoncision).

Le Jour de l'an se prête d'ailleurs, à cause des vœux, à une réutilisation chrétienne, car il faut apprendre à faire en sorte que ces vœux soient vrais et traduisent notre désir du bonheur des autres (leur vrai bonheur et pas seulement et premièrement la santé, même si c'est important ; on disait jadis : «le paradis à la fin de vos jours»). S'il n'y a pas, à l'église, de célébration de passage d'année, on peut en bâtir une en famille sur le thème « merci » (les grâces reçues au cours de l'année écoulée), « pardon » (les péchés commis), « d'accord » (d'accord pour servir au cours de l'année à venir), « s'il-te-plaît » (nos humbles demandes).

Puis c'est l'Épiphanie où les Rois Mages arrivent à la crèche et la galette sur la table familiale. Cette fête (transportée aujourd'hui au dimanche) a beaucoup perdu de son éclat, alors que dans certains pays, elle éclipse presque Noël. On peut en faire une « fête de la foi » où l'on remercie Dieu d'avoir rencontré son Fils, comme les Mages.

La fête du Baptême du Seigneur n'a pas un grand passé dans l'Église d'Occident. Il faudra se décider à lui donner corps dans la vie familiale en faisant l'évocation des baptêmes de chacun (qui serait mieux à sa place à Pâques, mais qui, à cette date, est souvent éclipsée par d'autres aspects). Surtout il faut apprendre à vivre avec Jésus petit (pas seulement bébé), retrouver la grâce de son enfance, de son adolescence, montrant aux enfants que Jésus a été comme eux, mais « divinement ».

La fête, si belle, de la Chandeleur clôture cette période et voit la disparition de la crèche, mais le thème de la lumière, toujours très parlant, permet de redonner sens aux nombreuses bougies utilisées dans la liturgie familiale. On apprend à aimer cette lumière qui brille dans la nuit, qui se communique de cierge en cierge, jusqu'au bout du monde, image de la foi partagée. On ramène, ce jour-là, des cierges bénis de l'église, on les décore etc., ils resserviront pour Pâques, ou encore au chevet d'un parent gravement malade.

La période qui suit est dominée par la préparation du Carême, même si c'est moins marqué que dans le calendrier ancien. Les mystères douloureux pointent à l'horizon, seules quelques fêtes se présentent, comme la chaire de Pierre (22 février) qui nous apprend notre fidélité au Pape.

Le Carême est un temps très important de la vie familiale : l'effort fait ensemble lie au moins autant que la joie des fêtes (en tout cas, il la prépare). Sans Carême vaillant, pas de joie pascale. C'est pourquoi il faut prendre un bon départ le mercredi des Cendres, marqué par le jeûne (pour les grands) et l'abstinence pour tous, la célébration des Cendres à l'église (si on peut). Le coin prière doit changer complètement d'allure, même si l'on n'en est pas encore à voiler de violet toutes les images de la maison (comme on pourra le faire à partir du 5e dimanche de Carême), on met plus en valeur le crucifix et les saints qui ont été de grands pénitents (Marie-Madeleine, Pierre, etc.).

Occasion d'examen de conscience plus précis, quand on le peut à la prière du soir, *occasions de petits efforts décidés ensemble*, sacrifices alimentaires, sacrifices sur les spectacles, gestes de partage. Le silence est aussi un grand moyen de marquer le changement de ton, pourquoi ne pas décider qu'un soir par semaine (le vendredi par exemple) la soupe est prise en silence pendant qu'on lit la vie d'un saint ? Les sorties et les spectacles supprimés pendant ces temps peuvent être remplacés, au moins dans quelques cas, par des démarches communes comme de petits pèlerinages, des visites d'églises (le dimanche), des conférences de Carême, voire des séjours dans les monastères. Les dimanches, même s'ils n'entrent pas dans le compte des quarante jours de Carême, gardent néanmoins cette note sérieuse (avec une variante pour le 4e, appelé : *Laetare* – Réjouis-toi).

Deux fêtes en blanc viennent ponctuer d'une note différente notre Carême : la Saint-Joseph (19 mars) et surtout l'Annonciation (le 25 mars), occasion de revenir au mystère de l'Incarnation tellement lié à celui de la Rédemption.

Un printemps de renouveau

La Semaine sainte est évidemment un sommet à ne surtout pas manquer. Qu'elle soit ou non incluse dans le temps des vacances, il faut s'efforcer de rester stable surtout pendant les trois dernier jours et chercher des lieux de célébration où l'on est sûr que le programme liturgique soit à la hauteur du mystère que l'on veut célébrer.

Bien sûr tout commence avec les Rameaux, on aura eu soin dans les jours précédents (ou au début du Carême, comme cela se fait en Pologne) de récolter les buis de l'année précédente et de les brûler pour ne pas jeter une chose qui a été bénite. La cendre ainsi obtenue peut éventuellement servir de signe de pénitence à une occasion ou une aure. Le buis béni au cours de la messe est ramené avec soin et partagé pour qu'un rameau décore toutes les pièces et toutes les images fixes. C'est aussi une tradition de certaines provinces d'en porter au cimetière sur les tombes des défunts de la famille.

Les trois premiers jours de la semaine, qui ne comportent pas de célébration particulière, peuvent donner l'occasion à tous de relire ou d'écouter les récits de la Passion dans les quatre évangiles, on peut y préparer sa confession pascale. Le Jeudi saint est le jour des contrastes : le blanc de la messe, la cloche, les lumières et bien vite, la nuit. Le lavement des pieds n'est pas réservé à l'église, il pourrait être significatif que le père de famille le fasse sur tous les membres de sa maison en signe d'humble tendresse : « Où sont amour et charité... ». La prière pour les prêtres prend ce jour-là un sens particulier, on peut envoyer une image amicale et respectueuse, signée de tous, à ceux que l'on connaît bien.

Le lendemain, la vie s'arrête ; plus rien ne ressemble à la vie habituelle. S'il faut prendre quelque chose pour soutenir ses forces, ce doit être possible debout et comme à la dérobée. La table reste vide, comme après un deuil. La cloche (si on s'en sert habituellement) a disparu et elle est remplacée par la crécelle. La prière du soir a lieu autour du crucifix, dont on a retiré les voiles, seule image visible entre deux cierges.

Le lendemain, on prépare la vigile pascale avec la Sainte Vierge, la récitation du chapelet à tour de rôle aide à garder, toute la journée, la pensée tournée vers Jésus en qui Marie a toujours gardé confiance. Le jeûne reste conseillé. La maison se prépare, la confection des œufs peints du lendemain, des sucreries, des images, des bougies décorées, met tout le monde en mouvement. On part pour la veillée après avoir retiré les voiles violets (à moins qu'on n'aime mieux le faire au retour) et après avoir tout disposé pour un bref réveillon après la messe.

Le matin de Pâques est un moment béni, le réveil doit se faire au son des Alleluia, tandis que la table du petit déjeuner s'orne de lumières et de belles images, si possible personnalisées pour chacun.

On s'efforce de retourner à la messe du jour et bien sûr on fait honneur au repas de midi (l'agneau pascal y est recommandé).

L'octave de Pâques est, nous dit-on, comme un grand dimanche. La décoration de la fête doit rester toute cette semaine. Chaque jour, l'église nous lit un évangile des apparitions, on peut essayer de le mimer en famille. Le vendredi (qui n'est pas jour d'abstinence) peut donner lieu à une évocation du petit déjeuner de Jésus au bord du lac (pain et poisson) d'après le chapitre 21 de saint Jean.

Le temps pascal dure encore six semaines et, sans pouvoir garder la même intensité qu'à l'octave, il faut s'efforcer de marquer ce temps d'une note particulière. Pendant la prière, on remplace la position à genoux par la position debout. L'*Alleluia* accompagne toutes les réponses liturgiques, on lit surtout le Nouveau Testament, l'Apocalypse notamment, dont les images luxuriantes sont évocatrices pour les enfants. D'autres rites sans doute pourraient voir le jour, en lien avec les grands thèmes du temps pascal (la vigne, le pasteur, etc.).

L'Ascension, souvent bien absente de la piété des catholiques d'aujourd'hui, doit retrouver toute sa place par le biais de la liturgie familiale : un brin de pénitence la veille pour marquer l'imminence de la fête, une belle prière le mercredi soir et la journée du jeudi, un peu comme une répétition de Pâques. Là, commence la neuvaine au Saint-Esprit qui mène jusqu'à la Pentecôte : chaque jour une prière au Saint-Esprit pour demander qu'il nous embrase. Un des dons du Saint-Esprit peut être mis en valeur chaque jour grâce à la vie d'un saint. La famille est un peu comme les Apôtres avec Marie au Cénacle : on se prépare.

Jadis, la Vigile de la Pentecôte ressemblait à celle de Pâques, il est bien rare (malgré certaines indications du missel rénové) que la liturgie de nos églises fasse droit à cette suggestion.

Alors, on peut s'efforcer de monter une veillée en famille autour, par exemple, des lectures de l'Ancien Testament proposées par le missel pour la messe de la veille de la Pentecôte (il y en a quatre) en y joignant des psaumes et des cantiques adaptés. S'il y a des enfants qui se préparent à la confirmation, c'est sans doute le jour pour marquer spécialement cette veillée comme un appel à l'Esprit.

La journée de la Pentecôte se passe comme un grand jour de fête. Au petit déjeuner, on peut "tirer" symboliquement les dons du Saint-Esprit (chacun prenant sur un plat une langue de feu portant au revers le nom d'un des sept dons, don qui lui est plus spécialement destiné). La messe solennelle, bien sûr, est préparée le mieux possible.

L'après-Pentecôte et le mois de juin sont une suite presque ininterrompue de fêtes, qu'il faut essayer de ne pas manquer (la fête des mères et celle des pères qui tombent dans cette période peuvent y être intégrées, moyennant un petit effort pour faire une place à Marie et au Père du Ciel, notre vrai Papa).

La fête de la Trinité, une semaine après la Pentecôte, peut paraître bien abstraite, si on ne lui donne pas une base symbolique (la ronde d'amour des Personnes divines). Jadis, saint Patrick aimait évoquer avec le trèfle la tri-unité de Dieu. Aujourd'hui on pensera volontiers à l'icône de Roublev ou à certaines images du Moyen Âge où le Père soutient son Fils sur la Croix.

Puis vient la fête du Saint Sacrement, la Fête-Dieu (reportée au 2e dimanche après la Pentecôte) qui doit être pour tous, spécialement ceux qui vont faire ou viennent de faire leur première communion, une célébration majeure. S'il existe une veillée d'adoration ou une procession à l'église, on aura à cœur d'y participer. Mais de toute façon, on s'efforcera, en famille, sur les deux ou trois jours précédents, de se redire notre joie d'avoir Jésus-Hostie. Quelques lectures de la vie de saints particulièrement amoureux de l'Eucharisite seraient une bonne introduction (saint Alphonse de Ligori, saint François d'Assise...). On évitera le glissement rop facile qui escamoterait le miracle de la transsubstantiation au profit d'une simple évocation du rassemblement des chrétiens autour de Jésus.

La fête du Sacré-Cœur, le vendredi qui suit, est l'occasion de redécouvrir, derrière toutes les scènes de l'Évangile, « l'intérieur de Jésus » : ses sentiments, ses pensées, ses volontés (pas seulement son amour). L'intimité de chacun des membres de la famille avec le Christ dans la prière, tire de là sa force. Au-delà des images bibliques du cœur « source », la blessure féconde du côté

(Jean 19), la faille du rocher (Exode 34) où va se blottir la colombe (Cantique 2, 14). Les litanies du Sacré-Cœur peuvent être remises en usage ce jour-là. Le lendemain (samedi), on pense au Cœur de Marie, réplique aimante et douloureuse du Cœur de Jésus.

Puis viennent deux fêtes de saints qui devraient réjouir les cœurs en cette fin d'année scolaire : la Saint-Jean-Baptiste (jadis appelée Noël d'été) qui coïncide avec la nuit la plus longue ; nos campagnes ont longtemps gardé l'usage d'allumer des feux à la tombée de la nuit. Le symbolisme s'en est perdu avec la vie urbaine, mais il reste une sensation un peu électrique liée à la longue soirée, où l'on peut prendre comme guide celui qui nous introduit au Jour qui ne finit pas : « Il faut qu'il grandisse et que je diminue ».

La Saint-Pierre Saint-Paul, jadis chômée, marque le lien avec Rome qu'a fécondé le sang de deux grands témoins de la foi. Si la famille est allée un jour en pèlerinage à Rome, c'est le moment de ressortir les photos, ainsi qu'un portrait de notre Saint-Père le Pape.

Et pendant l'été ?

L'été n'est pas le temps le plus fort de l'année liturgique. Les fêtes n'y manquent certes pas (11 juillet : saint Benoît, 22 juillet : sainte Marie-Madeleine, 25 juillet : saint Jacques le Majeur, 6 août : Transfiguration, 10 août : saint Laurent, 25 août : saint Louis, 8 septembre : nativité de la Sainte Vierge, 14 septembre : fête de la Croix glorieuse, 15 septembre : compassion de la Vierge Marie), mais à part le 15 août, principale fête de la Sainte Vierge depuis la définition de l'Assomption, elles n'ont pas l'éclat de celles que nous avons mentionnées jusqu'ici. Raison de plus pour retrouver les bonnes habitudes au moment de l'Assomption : pénitence préparatoire, confession, veillée, petit déjeuner festif.

De toute façon, ce temps coïncide généralement avec un autre rythme de la vie familiale. Les membres en sont plus dispersés. Toutefois, si l'on se retrouve dans quelque villégiature, il faut essayer de reconstituer non pas exactement le cadre de prière de la maison, mais au moins les grandes lignes, même en voyage : une image, quelques cierges, une certaine disposition qui ne change pas, même au bord de la route, même dans une chambre d'hôtel. Le philosophe juif Levinas raconte qu'enfant, il n'a jamais tant goûté la liturgie de la Pâque que lorsqu'elle fut, du fait des circonstances, transposée dans un hôtel de Venise où ses parents s'étaient arrêtés.

Le 14 septembre, qui s'inscrit quelques jours après la rentrée des classes, peut être une date symbolique pour indiquer la reprise des liturgies familiales. C'est le jour où il faut mettre en valeur les croix et crucifix de la maison, drapés de rouge, si possible.

Repères familiaux

En sus des temps liturgiques, il est des dates qui prennent forcément une place particulière dans le calendrier de la famille : ce sont d'abord les saints patrons de chacun de ses membres (il faut arriver à les retrouver comme des personnages vivants valant par eux-mêmes : on louera d'abord saint Bruno, on lit sa vie, on récite l'oraison de sa fête, et du même coup on pense au petit Bruno), puis viennent les anniversaires de naissance, de baptême (pourquoi pas ?), l'anniversaire de mariage de papa et maman. Il peut y avoir d'autres événements moins gais, dont il est important de garder la mémoire : crise surmontée ensemble, maladie grave vécue dans la foi, décès des grands-parents ou d'un enfant. La famille aura donc son calendrier, en veillant bien à ne pas laisser les dates familiales primer sur le calendrier de l'Église (attention au vendredi).

IV

Sacraliser l'espace

Des "lieux de mémoire"

S'il est important de retrouver un temps sacré, il ne l'est pas moins de superposer à notre géographie profane des repères religieux. Sinon, hors des rares moments où l'on vient en pèlerinage, marchant vers un lieu saint, nous ne connaîtrons qu'un espace - surtout l'espace urbain - destructuré et désespérément fonctionnel. Notre habitat sur terre a beau être provisoire, il suppose, pour être vivable, d'être ordonné autour de lieux significatifs. Il ne s'agit pas de renouer avec le sacré cosmique (et aujourd'hui passablement frelaté) des bois et des sources. Il s'agit de retrouver l'histoire sainte qui s'est inscrite dans des « lieux de mémoire » : ceux-ci peuvent être fort banals (le métro où a commencé une très belle histoire d'amour entre les parents, la clinique où grand-mère est morte comme une sainte), comme ils peuvent être de magnifiques églises ! Leur valeur vient de ce qu'un rayon du soleil de l'Amour est tombé sur eux.

Retrouver notre héritage

Si paganisée que soit la ville, elle porte encore les souvenirs de notre passé religieux : tombe d'un saint, cathédrale, sanctuaire marial, parfois le nom d'une rue (ou d'une station de métro), ou une image à un carrefour. À partir de ces traces, on peut imaginer de faire, de temps à autre, une sorte de pèlerinage, à pied si possible, pour honorer ces souvenirs récitant à chaque endroit (fût-ce devant la porte fermée d'une église) une prière adaptée (tirée du missel : oraison de la dédicace, oraison de saint...) ou un cantique. Ensuite le souvenir doit en rester vivace et quand on passe à proximité de ces lieux, on ne manque pas d'invoquer le saint en question ou de fredonner le cantique utilisé à cet endroit.

La même chose peut se faire durant les voyages et déplacements plus lointains. En passant à proximité d'une ville, même si on ne s'y arrête pas, on invoque le ou les saints principaux connus pour y avoir vécu. Le père commence : « saint N. », et tous répondent en chantant : « *Priez pour nous* ».

On salue une statue de la Vierge d'un «*Je vous salue Marie* », on fait le signe de Croix en voyant un calvaire, et on y joint l'invocation : « Ô Christ, nous t'adorons et nous te bénissons. R/ car tu as racheté le monde par ta Croix ». Devant un cimetière on se signe aussi en disant : « Que par la miséricorde de Dieu les âmes des fidèles défunts reposent en paix. Amen ».

Si on est à la campagne, il existe encore de nombreux repères inscrits dans le paysage. Parfois, il faudra les créer (déposer l'image d'un saint dans le creux d'un arbre, baptiser une colline d'un nom biblique). L'inventivité des enfants en ce domaine est souvent phénoménale, il faut en profiter et peu à peu fixer les trouvailles les plus heureuses.

Chaque déplacement inclut ainsi peu à peu des événements de notre petite ou de notre grande histoire. L'enfant qui arrive ainsi à l'âge adulte n'est pas un déraciné. Bien sûr, il lui faudra à son tour, quand il fondera une famille, élargir ses repères et en trouver d'autres, mais il aura pour cela une base.

V

La maison, premier lieu saint

Bénédiction de la maison

Le domicile familial est le premier espace sacré. C'est pourquoi il est important de le faire bénir par un prêtre, même si on l'occupe depuis quelque temps. Il existe, dans le nouveau rituel des bénédictions, un formulaire assez développé, riche en signification, qu'il ne faut pas manquer d'utiliser : une lecture biblique y est faite, des intentions de prières proclamées, le « *Je crois en Dieu* » récité, les saints invoqués. Pour le rite de l'aspersion avec l'eau bénite (on peut pendant ce temps chanter le psaume 50 R/*Pitié Seigneur, car nous avons péché*), on suggérera au prêtre de passer dans toutes les pièces, marquant ainsi que tout est ressaisi par l'influence du Christ, même les lieux les plus utilitaires, comme la cuisine.

Ce peut être l'occasion de rendre grâce pour le fait d'avoir un toit, alors que tant de familles en manquent, occasion de prendre en considération le drame des sans-logis.

On peut y joindre l'intronisation du Sacré-Cœur selon l'intuition du Père Matéo. Les RRPP picpussiens sont, en principe, dépositaires de la formule, mais ils concèdent volontiers à qui le demande la possibilité de célébrer le rite d'intronisation avec un prêtre ami. L'intronisation qui est un moment fort doit être préparée solidement, et répondre à un appel intérieur, comme toute autre consécration (à la Vierge, par exemple).

Notre petit royaume

La famille chrétienne, Église domestique, est influencée par le cadre où elle évolue. Ce cadre a tout intérêt à être évocateur de la vie religieuse. Non seulement les chambres mais toutes les pièces de la maison doivent, par quelque signe, renvoyer le regard vers le Christ qui est notre hôte invisible. Ce n'est pas une raison pour mettre partout des cruifix et des statues de la Sainte Vierge, mais il est important que, selon le type d'occupation (travail, repos, détente...), une image guide la prière spontanée. Les reproductions d'œuvres d'art offrent des possibilités illimitées. Il est, de plus, hautement souhaitable de changer de temps à autre ces références, pour suivre, par exemple, le calendrier liturgique et éviter qu'on n'y prête plus attention. La coutume d'avoir de l'eau bénite à proximité de son lit n'était pas seulement de la superstition, mais cela suppose de s'être entendu avec un prêtre de la paroisse pour en obtenir. On trouve facilement chez les antiquaires de petits bénitiers produits jadis en série.

La propreté et la beauté de la maison, dont la mère de famille est spécialement chargée (ce qui ne veut pas dire qu'elle doit tout faire elle-même !), prennent ainsi un sens plus élevé.

Le coin prière

Faute de chapelle, la maison doit comporter un lieu visible consacré officiellement à la prière. Tout dépend de l'espace dont on dispose, mais l'idéal est que ce lieu :

1. soit facilement accessible à tout le monde sans gêner les uns ou les autres (ce qui arrive si le coin prière est, par exemple, dans la chambre des parents) ;

2. soit exclusivement consacré à la prière, sans autre destination (buffet de salle à manger, rayonnage de bibliothèque...).

Sa disposition habituelle (même si des changements sont souhaitables) doit faire apparaître harmonie et symétrie (jamais un seul chandelier sans son pendant) ; il est souhaitable que l'axe en soit occupé par un beau crucifix (plutôt qu'une simple croix) ; il vaut mieux qu'aucun meuble n'en gêne habituellement l'accès pour qu'on ne soit pas empêché de s'arrêter quelques instants pour prier à genoux ou debout, d'où l'intérêt d'un tapis mœlleux posé en avant et de quelques tabourets ou petits bancs qu'on peut déplacer à volonté.

L'ingéniosité et le goût peuvent se donner libre cours dans le choix des éclairages, des tissus, des fleurs dont on ornera le coin-prière. Plutôt qu'un bric-à-brac d'images, il faut souhaiter une certaine sobriété, mettant en valeur quelques belles œuvres d'art avec des changements selon le temps liturgique. Le symbolisme des couleurs n'est pas sans importance : il n'est pas indifférent qu'un cierge soit blanc ou rouge, qu'un bouquet soit à la couleur liturgique ou pas, ou au contraire qu'on supprime les fleurs (en Carême, par exemple). Toute cette éducation du goût, cet apprentissage des nuances se fera certainement mieux en famille que partout ailleurs.

S'il est important que tout le monde donne son idée, il est du ressort des parents de garder l'idée d'ensemble pour éviter que ce lieu ne devienne seulement un cadre enfantin, ce qui le discréditerait dès que les enfants grandissent.

Le parfum, et spécialement l'encens, a sa place dans le culte chrétien ; reste à savoir comment l'intégrer dans la liturgie familiale. Il paraît trop exotique de faire fumer une cassolette devant l'image d'un saint personnage comme dans le bouddhisme. On peut, par contre, imaginer un petit encensoir à clochettes (si l'on en trouve dans le commerce) qu'on agite devant le crucifix ou devant une icône à la manière des Grecs.

Les instruments de musique dépendent du type de prière retenu (cf chapitre VII), mais dès qu'on le peut, il faut certainement tirer parti des connaissances musicales des uns et des autres, surtout s'il s'agit de guitare, de flûte traversière (ou à bec), de violoncelle, etc.

Si on n'a pas mieux, les cassettes peuvent être utilisées pour soutenir, par exemple, des moments de silence. Mais le recours trop fréquent à une musique enregistrée enlève beaucoup de la spontanéité et du sérieux à cette prière, on y devient passif comme devant une projection à la télévision.

VI

Les acteurs de la prière

Tous acteurs et tous différents

Il n'est pas question que la prière familiale soit un spectacle dont l'exécution soit réservée à certains. Il est indispensable que tous y aient leur rôle à jouer.

D'où la nécessité de trouver une forme capable d'intégrer potentiellement tous les âges ; quelques suggestions seront faites plus loin. Néanmoins, il est important d'apprendre que, dans un rituel, tous les rôles ne sont pas interchangeables. Le prêtre (ou le diacre) est seul à pouvoir donner la grande bénédiction comme à la messe (le Seigneur soit avec vous. R/ Et avec votre esprit. Que Dieu tout Puissant vous bénisse + le Père, le Fils et le Saint-Esprit).

Après lui, c'est le père de famille qui préside les prières et bénit ses enfants d'un simple signe de croix sur le front. S'il n'est pas là, c'est bien sûr la mère qui préside et bénit. À défaut, le fils aîné préside mais ne bénit pas.

Le père et la mère de famille

Dans l'ambiance de confusion des rôles qui est la nôtre, la prière familiale peut être le lieu où l'on réapprend la complémentarité de l'homme et de la femme, dans l'égalité.

Si c'est le père qui normalement préside la prière, (c'est-à-dire la lance, l'oriente et la conclut), ce n'est sans doute pas lui qui en donne la tonalité et la chaleur. Sa femme donnera vie et saveur au texte qu'on lit ou chante durant la prière ; c'est souvent elle qui auparavant en aura donné le sens vital tiré de son expérience personnelle. Rien qu'à sa façon de dire le *Notre Père* ou le *Je vous salue Marie*, elle en indiquera l'importance et la beauté. Attentive à la beauté et à la justesse des signes liturgiques dans la maison, elle formera ainsi l'âme de la famille. Le père saura, quand il le faut, donner un enseignement.

Les grands-parents

Les personnes plus ou moins âgées, quand elle sont restées chrétiennes, sont une grande richesse pour la prière familiale. On ne leur demandera pas d'entrer dans un schéma de prière qu'elles n'ont pas connu. Mais si on peut les faire intervenir ponctuellement, ce sera toujours un gain. On leur demandera surtout d'être les témoins de la foi auprès des générations plus jeunes. D'elles on peut apprendre toute une tranche d'histoire de l'Église et retrouver le fil qui nous rattache à la foi vécue par les croyants d'il y a cinquante, soixante, quatre-vingts ans ou plus. Des idées et des suggestions peuvent en résulter pour la prière en famille. Nos anciens ont souvent dû, par la force des choses, se plier à bien des bouleversements et en ont parfois pris leur parti avec une sorte de résignation, mais la foi vive et communicative qui émane d'un foyer vraiment chrétien redonnera vigueur à leur conviction, les réconfortera dans une fidélité intangible à ce qu'ils ont reçu.

Les grands frères

C'est sur eux que repose l'avenir de la prière en famille. À leur participation active et consciente, on peut jauger la possibilité d'une réelle transmission de la foi au-delà de la petite enfance. Il s'agit que, de sujets relativement passifs ou turbulents, ils deviennent volontairement acteurs de la vie liturgique de la famille. Et cela suppose, comme cela a déjà été noté, qu'on fasse fond sur leurs talents (musicaux ou autres), leurs connaissances, leur capacité d'invention.

Ils doivent être peu à peu médiateurs auprès des plus jeunes d'une discipline spirituelle qu'ils auront intériorisée (sans pourtant devenir trop exigeants et directifs, en méconnaissant la faiblesse des plus petits).

Les tout-petits

Jusqu'à cinq ou six ans, la participation des petits se joue davantage sur des impressions, des sensations, que sur le déroulement d'une prière dont ils ne saisissent pas la cohérence. Mais la présence d'adultes (et de grands frères et sœurs) qui prient près d'eux et dont ils essaient d'imiter les gestes est une introduction incomparable à la prière. Les mélodies qu'ils ne sont pas capables d'apprendre s'imprègnent néanmoins en eux, une certaine qualité d'émerveillement, quelques instants de vrai silence sont ce qu'ils en retireront et qui les marquera.

Réciproquement, la présence de ces petits qu'on ne chasse pas de la prière familiale (« Laissez venir à moi les petits enfants ») aidera les plus grands et les adultes à mesurer leur responsabilité vis-à-vis d'eux ; surtout elle donnera à la prière familiale une salutaire ouverture : grâce à leur présence, pas toujours facile, elle ne sera jamais un club d'initiés.

Les invités

Quelle place faire aux invités ? En principe, il faut qu'ils soient d'accord pour jouer le jeu de la prière familiale sans y être gênés ou trop extérieurs. Néanmoins cela peut être un bon apostolat familial que de laisser voir à des amis de bonne volonté ce qui peut animer le cœur d'une famille chrétienne, et ce qu'on est capable de faire dans ce domaine.

On ne mettra pas l'invité en difficulté en lui demandant ce qu'il n'est pas habitué à faire, mais d'un autre côté on agira comme on est habitué à le faire, en restant naturel. On pourra le solliciter pour faire une lecture ou proposer une intention de prière ; on lui fournira feuille et livre de chant pour l'aider au maximum.

Si l'invité est un prêtre, on le mettra évidemment à la première place en le faisant présider, mais là encore, sans rien changer aux usages, sauf volonté explicite de sa part.

VII

Les différents registres de la prière familiale

Intercession et action de grâce

Le plus évident pour la prière familiale est normalement la demande, pour soi et pour les autres. Quand une grave difficulté se présente pour l'un des membres de la famille ou pour des personnes connues (maladies, échec), ou encore dans la vie du monde et de l'Église, il devient évident qu'il faut se mettre tous en prière. L'intercession vient alors comme naturellement et il n'est pas difficile, dans les cas les plus dramatiques, de provoquer un surcroît de prière, auquel tous participent assez spontanément. Parfois on s'engage, par une promesse, à un geste de piété supplémentaire, si on est exaucé. Il faut bien réfléchir aux conséquences, mais, quand c'est décidé, il faudra le faire.

De toute façon, la reconnaissance et l'action de grâce sont le pendant normal de la supplication. Si on demande quand on souffre, il faut savoir dire ensemble "merci" quand on est exaucé et même avant si possible (sûrs que Dieu voit notre détresse et qu'il exaucera, d'une façon ou d'une autre, notre demande). Supplication et actions de grâce sont une occasion d'éducation ; en dirigeant des demandes, on dirige aussi le regard de la famille dans certaines directions : on s'habitue ainsi à la compassion, on apprend à prendre en charge la misère spirituelle et matérielle des hommes.

Demande de pardon

La vie familiale suppose bien des fois le pardon demandé et reçu. L'amour entre des êtres pécheurs ne peut grandir que par d'innombrables actes de miséricorde. Ce pardon entre les membres de la famille (qui doit s'exprimer au moment de la prière du soir : « que le soleil ne se couche pas sur votre colère ») amène naturellement à demander pardon à Dieu ensemble, sûrs que nous ne pouvons donner et accueillir le pardon que si nous nous reconnaissons ensemble pécheurs devant Dieu, et réciproquement.

Sans qu'on puisse le provoquer, ni même le demander, l'aveu public est toujours une source de progrès pour toute la famille. Quand, après un moment difficile, on est capable de s'accuser à haute voix devant Dieu d'avoir mal agi à l'égard de tel ou tel, il en résulte une libération pour tous et d'autres demandes de pardon deviennent possibles.

Là encore, la demande de pardon est l'occasion d'une éducation : il faut apprendre à demander pardon à Dieu, non seulement de nos fautes les uns vis-à-vis des autres, mais de nos manques vis-à-vis de lui.

La louange et la contemplation

La prière familiale paraît moins bien adaptée à ces formes, pourtant les plus élevées, de la prière chrétienne. Sans doute la prière personnelle (dont la nécessité reste impérieuse de toute façon) semble mieux convenir à l'adoration silencieuse. Mais les fêtes et le cycle liturgique, comme on l'a montré, donnent bien des occasions de méditer ensemble sur les mystères de la vie du Seigneur. Et puis, selon l'orientation qu'on donnera à la prière du soir, celle-ci fera plus ou moins de place à la louange gratuite (soit en choisissant de suivre la liturgie, soit en méditant les mystères du Rosaire, soit par le choix des cantiques). Il est souhaitable que cette place reste non négligeable et qu'on ne cède pas à la facilité qui serait de faire de toute prière une demande.

VIII

La prière du soir

Suggestions...

Il ne peut raisonnablement s'agir que de suggestions. Selon la tradition spirituelle de la famille (qu'il ne faut surtout pas bousculer), la prière du soir prendra une forme ou une autre. Les trois types que nous envisageons n'ont valeur que d'exemples. On peut imaginer bien des formes intermédiaires. Néanmoins, une fois l'option prise, il paraît important de s'y tenir, en changeant des éléments, mais jamais le cadre général.

Une ou deux prières ?

Dans bien des cas, toute la famille ne pourra pas prier ensemble le soir, les plus petits doivent se coucher tôt, à une heure où les parents parfois ne sont pas encore à table. Une prière spécialement conçue pour les petits sera sûrement mieux adaptée à leur capacité d'attention. Néanmoins, il faut se garder de maintenir trop longtemps les enfants dans une prière enfantine. Très vite, il faut essayer de les faire entrer dans la prière familiale. Le dédoublement de la prière entre prière des enfants et prière des parents entraîne souvent un appauvrissement de chacune des deux, car le temps n'est pas indéfiniment extensible et ce sont toujours les parents qui sont impliqués des deux côtés.

Prière mariale

Bien des familles ont grandi dans une dévotion tendre à la Vierge Marie qui les conduit à Jésus. On peut continuer, bien sûr, à utiliser le Rosaire comme base de la prière familiale. En veillant seulement à deux choses :

1. éviter l'impression de répétition indéfinie de formules. Pour cela, il existe des moyens : varier les intervenants (un membre de la famille, à tour de rôle, introduit la dizaine et récite seul la première moitié du *Notre Père* et des *Je vous salue Marie*, les autres disent ensemble la fin), en chantant au moins un des *Je vous salue Marie*, par exemple, le dernier, avec le *Gloire au Père* (il existe au moins trois mélo-

dies pour l'*Ave*, et le *Gloire au Père* peut être chanté en latin sur le ton royal de Dumont) on peut aussi introduire à la fin de la première partie une formule libre qui oriente la prière et permet de donner à Jésus un titre ou un qualificatif approprié, par exemple : *et Jésus, votre enfant, qui s'est fait tout petit pour nous, est béni.*

Mieux vaut un plus petit nombre de dizaines dites avec cœur qu'une accumulation de prières bâclées ;

2. ne pas manquer l'aspect contemplatif du Rosaire : il ne suffit pas de donner à chaque dizaine une intention, encore faut-il orienter le regard du cœur vers un épisode de la vie de Marie ou de Jésus, le présenter, le rendre aimable et en faire matière à louange (ce peut être dans l'introduction, ce peut être aussi dans les incises mentionnées plus haut). Au-delà des quinze mystères du Rosaire, bien d'autres « mystères » peuvent être retrouvés dans l'Évangile (mystères de la vie publique, mystères des apparitions après Pâques).

Autour du chapelet prennent place tout naturellement des cantiques à la Vierge Marie, ou les litanies.

Prière « charismatique »

Ceux qui ont l'habitude des groupes de prière dits charismatiques n'auront pas de peine à adapter à la prière familiale le schéma d'une assemblée. Munis d'un livret de chants (comme *Il est vivant*) réunis en cercle autour d'une icône et de quelques lumières, à genoux, sur de petits bancs, ils créeront peu à peu l'ambiance de la prière, en invoquant l'Esprit, laissant ensuite une place de plus en plus large à la spontanéité. Chacun, soutenu par la prière des autres, est invité à dire à haute voix ce que lui suggère l'Esprit : chant, parole prise à l'Écriture, demande, louange, les autres y faisant écho dans leur cœur. Il importera néanmoins que celui qui préside reste vigilant pour lancer et orienter, garder son sérieux à la prière. Un temps d'instruction peut aussi y prendre place. Ce type de prière requiert évidemment une certaine homogénéité entre tous les membres de la famille, car il est difficile à la longue que certains seulement se livrent et que les autres soient spectateurs. C'est un appel d'autant plus fort à la cohésion autour de l'essentiel.

De façon moins spécifique, on peut imaginer une prière dont la part principale soit faite de cantiques avec des temps de silence et de lectures.

L'office des Complies

La liturgie des heures, malgré ce qu'on dit parfois, n'est pas irréalisable en famille, au moins pour certains offices comme les complies qui sont assez brefs et variés.

Il importe dans ce cas de les chanter, et le mieux possible, et de les entourer d'un vrai cérémonial. Celui-ci s'organise ainsi : debout pour l'introduction, tous tournés vers le crucifix ; puis éventellement à genoux – tous ensemble ou à tour de rôle pour la demande de pardon ; debout pour l'hymne entonnée par la maman, avec inclinaison pour la doxologie (s'il y en a une) ; ensuite, après l'antienne, tous assis alternant les versets (voix féminines, voix masculines) jusqu'à la doxologie où l'on se lève et s'incline ; lecture par un des enfants sur un pupitre bien orné, répons lancé par la maman, signe de croix au début du *Nunc dimittis*, oraison par le père, tous tournés vers le crucifix, aspersion d'eau bénite, toujours par le chef de famille, pendant qu'on tamise les lumières, laissant allumé un seul cierge devant la Sainte Vierge, puis proposition d'intercessions : « Pour un tel » avec un refrain à la Vierge Marie (par exemple : « que la Vierge pleine de grâce, interdèce pour nous ») et, à la fin, un cantique à Marie (ce peut être le *Salve*

Regina, ou le *Regina Cœli* en temps pascal ou un chant français). La maman conclut comme dans le monastère : « que le secours divin demeure toujours avec nous », et tous répondent : « et avec nos frères absents ». Puis on garde encore un moment de silence avant de se retirer, si possible un peu en silence.

Conclusion

Chère famille, qui voudriez vous engager dans cette aventure, sachez d'abord que tout ce qui a été écrit jusqu'ici n'est qu'une somme de suggestions, non un ensemble de recettes. Il ne s'agit pas de tout prendre au pied de la lettre, ni de se désoler de ne pouvoir y arriver. Essayez certaines des propositons faites dans ce livre et, de vos tâtonnements, jailliront des solutions valables au moins pour vous.

Un des axes de ce qui a été dit consiste à distinguer « prière familiale » (le moment formellement consacré à la prière) et « liturgie familiale » qui est plus vaste et recouvre tous les gestes qui donnent un sens religieux à la vie quotidienne de la famille (*benedicite*, prière au cimetière, sur la route, rituel des fêtes, etc.). Le plus important est de viser la « liturgie familiale », d'établir des rites et des rythmes. Sans remplacer le temps proprement dit de la prière (le soir par exemple), cette multitude d'attentions à Dieu le préparera et lui donnera vie. On pose beaucoup trop le problème au niveau du temps de prière, sans voir que le véritable enjeu est ailleurs : si je n'ai pas fait de tous les moments de la vie profane une constante référence à Dieu, comment s'étonner que la prière familiale (et personnelle) soit artificielle et presque inexistante ?

La difficulté de ces réflexions vient de ce qu'elles fixent un cadre alors que la vie de famille n'arrête pas de bouger. L'histoire d'une famille est faite non d'une croissance régulière mais de seuils successifs qui bousculent tout équilibre (la naissance des premiers, l'adolescence, le départ de la maison des plus grands). À chaque fois, il faut que la liturgie se réforme avec des bases très différentes. Quand on pense aux contraintes qui pèsent sur un jeune couple doté déjà d'un ou deux enfants, on pourrait se contenter de lui demander le strict minimum. Et pourtant, c'est là que seront posées les bases de la vie de la famille. Si la liturgie n'y entre pas en force, celle-ci restera irrémédiablement païenne. Il faudra donc jongler entre le retour du travail, les services successifs des repas, les toilettes et le coucher pour que tout cela forme un ensemble digne d'un chrétien.

La liturgie familiale pour être pratique, supposera, outre ce petit livrret, une documentation à la fois musicale et pratique que nous préparons et qui devrait aider les familles à passer à l'acte.

Le moment est peut-être venu.

TABLE DES MATIÈRES

Achevé en juin 1996
Sur les presses des éditions Téqui
53150 Saint-Céneré

N° d'édition : T 539.86
Dépôt légal : Juin 1996